Meatless? A Fresh Look at What you Eat
Text ⓒ Sarah Elton, 2017
Illustrations ⓒ Julie McLaughlin, 2017
Korean edition published with permission from Owlkids Books Inc., Toronto Ontario CANADA All rights reserved. No part of this publication may be reproduced, stored in a retrieval system, or transmitted in any form or by any means, electronic, mechanical photocopying, sound recording, or otherwise, without the prior written permission of Kidari Publishing co.

Korean Translation Copyright ⓒ 2018 by Kidari Publishing co.
This Korean Language Edition is published by arrangement with Owlkids Books Inc. through The Agency Sosa.

이 책의 한국어판 저작권은 에이전시 소사를 통해 Owlkids Books Inc.와의 독점 계약으로 키다리 출판사에 있습니다.
저작권법에 의해 한국 내에서 보호를 받는 저작물이므로, 무단 전재와 무단 복제를 금합니다.

고기를 먹지 않는다면?

매일 먹는 음식을 새롭게 보는 방법

세라 엘턴 글 | 줄리 맥래플린 그림
천미나 옮김

키다리

이 책에 글을 쓴 세라 엘턴은 캐나다의 작가이자 언론인이며, CBS 라디오에서 음식 평론가로도 활동하고 있습니다.
어린이를 위한 첫 번째 책《재료부터 시작하기 : 음식과 요리에 대해 알아 두면 좋은 사실》로 노마 플렉상,
2015 레드 메이블상, 2015 사이언스인소사이어티 도서상의 최종 후보에 올랐습니다.
한국에 출간된 책으로는《요리는 과학일까, 수학일까?》가 있습니다.

이 책에 그림을 그린 줄리 맥래플린은 전 세계 편집자와 광고업자들이 찾는 캐나다의 일러스트레이터입니다.
수많은 상을 받았으며, 최근에는《우리는 왜 지금 이곳에 살고 있을까》로 2015 노마 플렉상을 받았습니다.
한국에 출간된 책으로는《정치 사용 설명서》가 있습니다.

이 책을 한국어로 옮긴 천미나는 서울에서 태어나 이화여자대학교 문헌정보학과를 졸업했습니다.
어린이와 청소년을 위한 책을 우리말로 옮기는 일을 하고 있습니다.
옮긴 책으로는《원더》,《아름다운 아이 줄리안 이야기》,《블랙독》,《대중교통 타고 북적북적 도시 탐험》등이 있습니다.

똑똑한 책꽂이 08
고기를 먹지 않는다면?

2018년 05월 14일 1판 1쇄 인쇄
2023년 04월 01일 1판 5쇄 발행

글 세라 엘턴 | **그림** 줄리 맥래플린 | **옮김** 천미나
펴낸이 김상일 | **펴낸곳** 도서출판 키다리
편집주간 위정은 | **디자인** 이든디자인 | **관리** 김영숙
출판등록 2004년 11월 3일 제406-2010-000095호
제조국 대한민국 | **사용연령** 10세 이상
주소 경기도 파주시 심학산로 10
전화 031-955-9860(대표) | **팩스** 031-624-1601
이메일 kidaribook@naver.com | **블로그** blog.naver.com/kidaribook
페이스북 www.facebook.com/kiaribook
ISBN 979-11-5785-196-6 (77590)

이 책의 출판권은 도서출판 키다리에 있습니다. 저작권법에 의해 한국 내에서 보호를 받는 저작물이므로,
무단 전재와 무단 복제를 금합니다.

잘못된 책은 구매한 곳에서 교환할 수 있습니다.

차례

들어가며_ 내 손으로 닭을 죽인 날 … 8
- 고기를 먹는 문화 … 10
- 채식주의자는 어떤 사람일까? … 12

1장_ 언제부터 고기를 먹었을까? … 14
- 가축의 중요성 … 16
- 서로 다른 고기의 의미 … 18
- 종교적 규범 … 20

2장_ 왜 채식주의자가 될까? … 22
- 동물이 행복하려면 … 24
- 고기를 얻는 데 드는 비용 … 26
- 온실가스 가격표 … 28
- 모두가 배불리 먹을 수 있는 식량 … 30

3장_ 고기를 먹지 않으면 무엇을 먹을까? … 32
- 식물로 충분한 영양소 … 34
- 고기처럼 맛있는 음식들 … 36

4장_ 채식주의자가 된다면? … 38
- 고기 없는 일주일 … 40
- 가족과 친구들에게 알리기 … 42
- 채식을 하는 어린이들 … 44

나오며_ 모두가 함께 즐길 수 있는 식탁 … 46

- 책에 나오는 단어 살펴보기 … 48
- 찾아보기 … 49
- 참고 도서, 감사의 말 … 50
- 채식과 관련된 명언들 … 51
- 고기 없는 밥상을 경험하는 방법 … 52

들어가며
내 손으로 닭을 죽인 날

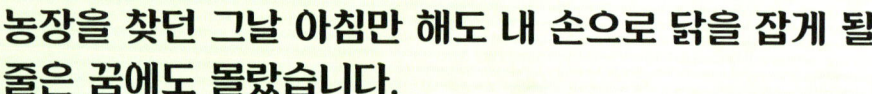

농장을 찾던 그날 아침만 해도 내 손으로 닭을 잡게 될 줄은 꿈에도 몰랐습니다.

지금까지 살아오면서 고기를 즐겨 먹었지만, 움직이고 꽥꽥 소리를 내고 숨 쉬는 동물을 내 손으로 죽인 적은 단 한 번도 없었어요. 그날 전까지는요.

그날 나는 한 농장을 방문했습니다. 농장 주인 이안 아저씨가 농장 이곳저곳을 보여 주었죠. 헛간에는 뜨거운 한낮의 태양을 피해 암탉들이 옹기종기 모여 있었어요.

이안 아저씨가 마침 늙은 암탉을 잡을 때가 됐다며, 도와줄 수 있겠냐고 물었어요. 나는 알겠다고 했죠. 평소 고기를 즐겨 먹으니 살아 있는 닭이 어떻게 저녁거리가 되는지 알아야 마땅할 것 같았죠.

닭을 집어 든 이안 아저씨가 나더러 다리를 단단히 붙잡으라고 하더군요. 그러고는 순식간에 닭의 목을 댕강 베어 냈습니다.

살아 있는 생명이 먹을거리가 되는 순간을 생생히 지켜보면서, 나는 고기를 먹는다는 게 무엇을 뜻하는지 깨달았죠. 내가 고기를 먹기 위해서는 누군가가 동물을 죽일 수밖에 없다는 것을요. 내가 살기 위해 다른 생명을 빼앗는 셈이지요. 이건 한번 생각해 볼 문제가 아닐까요?

이 책을 읽고 있는 여러분은 이 문제에 대하여 고민해 본 적이 있을지도 모르겠어요. 인간은 살아 있는 생명을 잡아 먹는 일에 대해 오랫동안 고민해 왔거든요.

수천 년 전, 중국과 인도, 그리스 같은 나라들에서는 육식이 잘못된 일은 아닌지 의문을 품었습니다.

여러 종교에서 살아 있는 생명을 죽여 그 고기를 먹지 말라고 가르쳐 왔지요.

오늘날 사람들은 고기가 동물의 살이라는 생각을 잘 하지 않아요. 대부분의 고기는 비닐에 포장되어 있거나, 닭튀김, 핫도그, 소고기 라비올리, 닭고기 팟타이처럼 먹음직스럽게 요리되어 판매되기 때문이죠.

나는 채식주의자는 아니에요. 어릴 때는 매년 생일마다 할머니께서 콘플레이크에 버무린 닭다리 튀김을 만들어 주셨지요. 지금도 저녁 메뉴로 통닭구이를 즐기며, 닭고기 수프는 가장 좋아하는 요리죠.

하지만 눈앞에서 닭이 죽는 장면을 목격한 그 사건은 내가 먹는 고기에 대하여 새롭게 바라보게 해 주었지요.

그날 이후 육식을 하지 않기로 선택한 사람들과 그 까닭에 대해 궁금한 마음이 생겨났어요. 나는 고기를 먹는 것에 대해 열심히 고민해 온 사람들의 시각에서 고기를 바라보고 싶었습니다.

육식을 하느냐 하지 않느냐는 상상했던 것보다 훨씬 더 복잡하고 흥미로운 문제였어요.

고기를 먹는 문화

최근 들어 고기의 소비를 줄이는 것에 대한 논의가 활발해지고 있습니다.

오늘날 사람들은 인류 역사상 그 어느 때보다 많은 양의 고기를 먹고 있으며, 이는 우리의 건강과 환경에 문제를 일으키고 있어요.

50년 전만 해도 사람들이 먹는 고기의 양은 지금의 3분의 2정도였지요. 오늘날 우리가 햄버거 3개를 먹는다면, 우리 할머니, 할아버지들이 어렸을 때는 햄버거를 2개만 먹었다는 뜻이에요.

현재 북아메리카에 사는 사람들 중 상당수는 매 끼니마다 고기를 먹어요. 아침에는 베이컨과 소시지, 점심에는 햄이 든 샌드위치, 저녁에는 스테이크, 이런 식이죠.

이런 현상은 육식을 즐기는 지역에서만 일어나는 게 아니에요. 역사적으로 육식을 많이 하지 않았거나 혹은 전혀 하지 않았던 중국과 인도 같은 나라에서도 육식은 빠르게 퍼져 가고 있어요. 이들 두 나라는 세계 어느 지역보다 인구가 많기 때문에 고기에 대한 소비가 그만큼 늘고 있지요.

우리는 어떤 고기를 먹을까요?

세계적으로 식용으로 키워지는 가장 흔한 동물은 닭과 소, 양과 돼지, 그리고 염소입니다.

이밖에 말, 낙타, 물소, 토끼와 개를 포함해 다른 많은 동물들도 식용으로 길러져요. 메추라기, 칠면조나 에뮤와 같은 새들도 예외는 아니에요. 다양한 해산물을 양식하거나 직접 채취하며, 뱀을 포함한 파충류 역시 사육하거나 야생에서 잡기도 하지요.

사슴, 말코손바닥사슴, 순록을 비롯해, 들꿩이나 캐나다기러기 같은 야생 새들에 이르기까지 직접 사냥한 동물의 고기를 먹는 사람들도 있어요

육식을 하는 사람들은 각자의 문화에 따라 먹는 고기를 선택해요. 문화에 따라 즐겨 먹는 음식도 달라지죠. 누군가에게는 반려 동물이지만 누군가에게는 저녁 거리가 될 수도 있는 것이죠.
육식을 하느냐 채식을 하느냐도 마찬가지예요. 식탁에 오르는 음식은 사는 곳과 성장과정을 포함해 많은 것들의 영향을 받습니다.

즐겨 먹는 고기가 달라요

북극의 겨울은 지구상에서 가장 혹독한 계절이에요. 일 년 중 상당 기간이 눈과 얼음으로 뒤덮이지요. 하지만 최강의 혹독한 추위에도 수천 년 동안 북극권 각지에서 살아온 사람들이 있어요. 캐나다 북극권에 살고 있는 이누이트족도 그들 중 하나예요.

이들이 혹독한 자연 환경에서 영양분을 섭취할 수 있는 방법은 동물을 사냥하고 바다에서 물고기를 잡는 것 밖에는 없었어요.

일 년 중 대부분은 식물이 자라지 않기 때문에 이누이트족의 식단에서 푸성귀를 찾아보기는 아주 어려워요. 짧은 여름 동안 야생 열매나 약용 식물이 식탁에 오르기는 하지요. 오늘날 이칼루이트 캐나다 누나부트 준주의 주도 사람들에게 가장 좋아하는 음식이 뭐냐고 묻는다면 열에 아홉은 바다표범과 순록 고기, 북극민물송어라고 답할 거예요. 이누이트족에게는 이 음식들이 향토 음식이니까요.

채식주의자는 어떤 사람일까?

채식주의자는 고기를 먹지 않기로 선택한 사람입니다.

채식은 수천 년의 역사를 갖고 있지만, 채식주의라는 말은 1840년대에 들어서야 식습관을 나타내는 용어로 등장했어요. 지금은 세계 어디에나 흔히 사용되고 있지요.

채식 전문 식당은 물론이고, 학교 급식에도 채식 메뉴가 있지요. 사탕이나 포장 식품, 심지어 샴푸와 화장품에도 동물성 성분이 들어 있지 않다면서 채식주의라는 문구를 붙이기도 하지요.

그러나 진짜 채식만 하는 사람들, 즉 채식주의자는 소수에 불과해요. 북아메리카 지역에서 전혀 육식을 하지 않는 사람은 100명 중 5명도 채 되지 않아요. 유럽 지역은 그 수가 조금 더 많아요. 채식주의자가 가장 많은 나라는 인도로, 국민의 3분의 1이 고기를 먹지 않습니다.

최근에는 세계 각지에서 점점 더 많은 어른들과 어린이들이 채식주의자가 되어 가고 있어요. 육식을 하는 사람들 중에서도 되도록 고기를 덜 먹으려는 사람들이 점차 많아지고요.

반채식주의자포유류 육식은 하지 않고 닭 등의 가금류와 해산물은 섭취함, **플렉시테리언**평소에는 채식을 하고 상황에 따라 육식, **베지보어**채소를 특히 좋아하는 사람와 같은 새롭게 생긴 용어는 어쩌다 한 번씩 고기를 먹는 사람들을 이르는 말입니다.

고기를 먹지 않으면 무엇을 먹을까요?

채식주의자들은 채소와 과일, 견과류, 씨앗 및 콩류 등을 먹어요. 콩류에는 렌틸콩, 강낭콩, 완두콩, 대두 등이 있는데 단백질이 매우 풍부하지요.

채식주의자들도 달걀과 우유, 꿀을 먹어요. 빵과 쌀, 파스타와 온갖 종류의 곡물도 먹지요.

다만, 생선을 포함해 동물의 살로 만들어진 음식은 먹지 않습니다(육고기는 먹지 않지만 생선은 먹는 사람도 있는데, 이들은 페스코 채식주의자라고 함).

비건완전 채식주의자이라고 불리는 사람들은 달걀과 꿀, 유제품을 포함해 동물성 식품은 전혀 먹지 않아요.

채식주의의 아버지 피타고라스

수천 년 전, 고대 그리스에 피타고라스라는 철학자가 살았어요. '피타고라스의 정리'라는 수학 공식으로 널리 알려진 수학자이기도 하지요.

피타고라스는 동물과 인간은 같은 과의 생물이기 때문에, 인간이 죽으면 그 영혼이 동물의 몸으로 다시 태어난다고 믿었어요.

그래서인지 피타고라스는 고기를 먹지 않았지요.

이 때문에 피타고라스는 '채식주의의 아버지'로 불리기도 해요.

1장
언제부터 고기를 먹었을까?

채식에 대해 이야기하기 전에 우리들이 왜 이렇게 고기를 많이 먹는지부터 이야기해 볼까요?

인간은 수백만 년 동안 고기를 먹어 왔어요.

과학자들과 고고학자들은 유적지에서 발굴한 해골의 이빨을 연구하여 천 년 전 인간이 무엇을 먹고 살았는지 알아내요. 때로는 화석이 된 쓰레기에서 단서를 찾기도 하지요.

동물 뼈에 남은 이빨과 도구의 흔적은 인간들이 동물의 살을 물어뜯고 베어 먹었다는 것을 알려주고 언제부터 육식을 했는지 실마리를 제공하지요.

우리 조상들은 사냥꾼이자 채집가였어요. 식량을 재배하는 기술을 알기 전에는 주로 가까운 숲과 목초지, 바다와 강, 호수 등에서 먹을거리를 찾았지요. 버섯, 열매나 뿌리 등 야생에서 자라는 식물을 채집했어요. 야생 동물과 새를 사냥하고 해산물을 채취했어요.

지금과 같은, 밥을 곁들인 닭 요리도 토마토 파스타를 대신해서 야생 버섯, 식물 뿌리, 가재탕이나 산딸기를 곁들인 사슴 고기가 저녁 식탁에 오르지 않았을까 싶어요.

오늘날 인간이 있기까지

인류학자는 수백만 년에 걸친 인류의 변천사를 연구하는 사람들이에요. 그들은 인간이 현재 모습이 되기까지 고기가 어느 정도 역할을 했다고 믿고 있어요. 고기 속의 온갖 영양소 덕분에 인간의 뇌가 커졌고, 그 결과 인류는 점점 더 영리해졌다고 보고 있어요.

인류학자들은 사냥이 언어 발달에도 도움이 되었을 거라 짐작해요. 사냥을 하려면 의사소통을 해야 하기 때문이지요. 서로 말이 통해야 수풀 속에 숨은 사슴을 함께 잡을 수 있을 테니까요.

2천 5백만 년 전부터 인류의 조상은 동물을 먹었어요. 그러니 무수히 많은 사냥과 육식이 지금의 인간을 만든 셈이에요.

가축은 곧 생명

지금으로부터 1만 5천 년 전에서 1만여 년 전 사이에 인간은 농작물을 재배하고 가축을 기르기 시작했어요.

그때는 슈퍼마켓도, 냉동식품이나 캔 음식, 시리얼도 없었기 때문에 무엇이든 직접 만들어 먹어야만 했어요. 빵을 먹기 위해서는 먼저 밀을 갈아서 가루부터 만들어야 했어요. 하루 중 대부분의 시간을 먹을거리를 만들고 준비하는 데 써야 했지요.

아이들은 지금처럼 학교에 가는 대신 먹을거리를 가꾸고, 채집하고, 식탁을 차리는 일에 손을 보탰을 거예요.

가축의 중요성

인간이 처음으로 농사를 짓게 되었을 때, 아마도 삶이 무척 고단했을 거예요.

처음 농사를 지었을 때는 해충이나 질병, 혹은 악천후로 애써 기른 농작물이 못쓰게 되는 일이 많았을 거예요.
가축이 병들어 죽으면 사람들은 굶주리기 일쑤였겠죠. 목숨을 잃을 때도 있었을 거예요.
일 년 동안 먹고 살기에 부족함이 없는 식량을 재배하고, 그 식량을 보관하는 법을 알아내느라 엄청난 시간을 쏟았을 거예요(지금도 세계 일부 지역에서 벌어지는 일이지요).

이 시기에 인간은 육식을 많이 하지 않았어요. 농장을 지키느라 사냥을 나갈 시간이 많지 않았기 때문이에요. 따라서 가축은 살아남기 위한 중요한 열쇠였어요. 미래를 위한 보험이나 마찬가지였지요.

가축은 굶주림으로부터 인간을 지켜 주었어요. 닭으로부터는 달걀을, 암소나 염소, 양에게는 젖을 얻을 수 있었지요. 물론 가축을 잡아 배를 채울 수 있는 고기를 얻을 수도 있었고요.

수컷과 암컷이 짝을 지어 새끼를 얻을 수도 있었지요. 이렇게 가축의 수를 점점 늘려 배고픔에서 벗어나 풍족한 생활을 하게 됐을 거예요.

동물이 인간에게 주는 것들

인간은 오랫동안 동물을 잡아먹음으로써 배고픔을 해결했지만, 먹는 고기로만 이용한 것은 아니에요. 인도와 그밖에 지역에서는 전통적으로 암소와 물소의 젖을 이용했습니다. 젖은 동물을 죽이지 않고도 얻을 수 있는 유익한 식품이었어요. 젖으로 여러가지 유제품을 만들었지요.

우유는 요구르트, 크림은 버터가 되는데, 열을 가해 정제시키면 '기 Ghee'라고 불리는 맑은 버터로 바뀌기도 해요. 기는 냉장시키지 않아도 오랫동안 상하지 않아요. 우유를 응고시킨 덩어리들을 동그랗게 빚어서 설탕물에 넣고 끓인 라스굴라 Rasgulla 같은 간식을 만들기도 해요.

케냐에 사는 마사이족과 북아프리카에 사는 베르베르족은 살아 있는 동물의 피를 마시는 오래된 전통이 있어요.

아일랜드와 많은 다른 나라들에서도 동물의 피로 만든 전통 음식들을 찾아볼 수 있어요. 블러드소시지가 그 하나이지요. 보통 소시지와 모양은 비슷하지만 촉감은 더 부드러워요.

과거에는 암소에 작게 상처를 내어 그 피를 모아 요리에 넣기도 했어요. 살갗에 난 상처는 잘 돌보아 주어, 암소가 생활하는 데 지장이 없게 했지요.

서로 다른 고기의 의미

우리는 고기와 그것이 갖는 의미에 대해 깊은 믿음을 간직하며 살아왔어요.

오늘날 우리가 고기에 대해 가지고 있는 생각들은 예전부터 간직해 온 믿음들을 바탕으로 생겨난 거예요.

서양에서 고기는 돈을 뜻했어요

서양에서 고기는 오랫동안 부의 상징이었어요. 중세 유럽에서는 지배 계급에 속한 힘 있는 사람들만 소 떼나 양 떼를 접할 수 있었어요.

귀족들은 드넓은 사유지에서 자유롭게 사냥을 할 수 있었지요. 부자들은 땅을 아무에게나 내어 주지 않았어요. 가난한 사람들이 허락없이 들어가기라도 했다가는 낭패를 당하기 일쑤였지요.

일부 형편이 넉넉한 농부들은 가축을 기르기도 했지만, 대다수의 가난한 농부들은 기껏해야 한두 마리 키우는 게 전부였어요.

서양 여러 나라의 왕과 황제, 그리고 귀족들은 고기가 잔뜩 차려진 파티에 손님을 초대하여 자신들의 부를 과시했어요. 돈 많고 힘 있는 사람들만 고기를 배불리 먹을 수 있었지요.

오늘날까지도 고기는 전 세계 많은 지역에서 부의 상징으로 남아 있답니다.

동양에서 고기는 절제를 뜻했어요

중국에서는 고기의 의미가 서양과는 조금 달라요.

전통적으로 고기는 보통 사람들이 먹기 힘든 음식이긴 했지만, 부유한 사람들도 고기를 많이 즐기지 않았지요. 고기보다는 채소와 곡물을 건강한 식사의 기본으로 여겼으니까요.

중국의 유명한 옛 문헌에는 음식과 관련된 몇 가지 규칙이 나와 있는데, 과한 육식은 피하라는 경고가 담겨 있어요. 식사를 마친 사람의 입에서는 고기 냄새가 아닌 쌀 냄새가 나야 한다고 말이지요.

인도에서는 수천 년 동안 부자든 가난한 자든, 육식을 피하는 쪽을 택했어요. 동물을 먹는 게 옳지 않다고 생각했기 때문이에요.

1700년대에 인도를 여행했던 영국인들은 동물을 위한 병원이 있고, 동물을 식재료 이상으로 대하는 인도인들의 모습에 크게 놀랐다고 해요.

여기서 인도의 옛 임금인 아소카왕에 대한 이야기를 잠시 할까 해요.

기원전 298년경, 아소카왕은 드넓은 땅을 다스렸지요. 어느 해, 왕은 더 넓은 땅을 정복하기 위해 군대를 보냈고, 병사들은 많은 사람들을 죽여야 했어요.

이 엄청난 학살에 왕은 큰 충격을 받았고, 두 번 다시 폭력을 사용하지 않겠다고 맹세했습니다. 그 맹세에는 사람뿐 아니라 동물까지 포함되었어요.

이후 아소카왕은 종교를 불교로 바꾸고 채식주의자가 되었어요. 왕이 여는 연회에서는 고기를 찾아볼 수 없었고 밥과 채소, 과일과 요구르트, 달콤한 케이크로 상이 차려졌답니다.

이처럼 오늘날과 마찬가지로 과거에도 사람들은 고기를 먹는 것에 대하여 여러 생각을 했습니다.

각자의 믿음과 접할 수 있는 음식에 따라 고기를 얼마나 먹을지 선택하며 살았던 것이지요.

종교적 규범

종교에 따라 식습관에 대한 길잡이도 달라요.
종교적 규범이 문화적 전통과 결합되면서 먹어도 되는 동물과 먹으면 안 되는 동물이 정해졌답니다.

불교

기원전 6세기에서 4세기 사이 인도의 왕자 고타마 싯타르타는 주위의 고통 받는 사람들을 보고 안타까운 마음이 들었어요.

왕자는 사람들이 남을 측은히 여기는 마음(즉, 살아 있는 모든 것들을 생각하는 마음)을 갖게 되면 이러한 고통은 사라질 거라고 믿었지요.

왕자는 오랜 수행을 거쳐 부처가 되었고 오늘날 전 세계에서 수억 명이 믿는 불교의 창시자가 되었어요.

부처의 가르침을 따라 수행하는 스님은 생명을 해치는 폭력을 피하기 위해 육식을 하지 않아요.

자이나교

자이나교에서는 그 어떤 살아 있는 생명도 해치면 안 된다고 믿고 있어요.

이 규칙을 엄격히 지키는 신자들은 육식을 피하는 것은 물론, 감자나 당근처럼 땅에서 나는 뿌리채소도 먹지 않아요. 뿌리채소인 당근을 먹는다는 것은 그 식물을 죽이는 일과 다름없다는 믿음 때문이지요.

힌두교

힌두교는 수천 년 동안, 특히 인도에서 사람들의 식습관에 영향을 끼쳤어요.

생명을 죽이지 않는 것, 즉 아힘사Ahimsa는 힌두교의 한 덕목으로 꼽혀요. 힌두교도들은 동물을 죽이지 않는 것이 폭력을 멈추는 길이라 믿어요.

힌두 철학에서 빼놓을 수 없는 또 하나의 중요한 부분은 환생인데, 사람이 죽으면 그 영혼이 동물을 포함해 다른 생명의 몸으로 다시 태어난다는 믿음이에요.

이슬람교

이슬람교에서는 고기 먹는 것을 허락하지만 돼지고기를 먹어서는 안 돼요.

동물을 도살할 때도 반드시 지켜야 할 규칙이 있어요. 종교적 규칙에 따라 준비한 고기는 먹어도 괜찮다고 여겨요.

기독교

구약 성서에 따르면, 아담과 이브는 에덴동산에서 살았고, 그곳에서는 육식이 허락되지 않았어요.

이후 하느님은 인간에게 육식을 허락하긴 했지만, 고기라고 해서 다 먹을 수 있는 것은 아니었어요. 돼지고기와 조개류는 금지되었지요.

신약성서에는 이러한 제약이 사라졌고, 오늘날 기독교에는 고기에 대한 특별한 제약은 없어요.

다만 사순절과 같은 특별한 시기에는 육식을 피하는 사람들도 있는데, 가톨릭 교도들 중 육식을 멀리하는 사람이 많은 편이에요.

유대교

음식과 관련된 유대교의 율법을 따르는 것을 코셰르Kosher를 지킨다고 해요. 동물은 반드시 정해진 방식에 맞춰 도축되어야 하지요.

채식에는 조건이 없는 반면, 돼지고기와 조개류와 같은 일부 육류는 금지 음식이에요.

2장
왜 채식주의자가 될까?

**비행기 승무원이 승객들에게 묻습니다.
닭고기로 하시겠습니까, 소고기로 하시겠습니까?**

북아메리카에서 고기를 먹는 것은 중요한 문제입니다. 비행기에서 승무원은 샐러드를 먹을 거냐고 묻지 않아요. 밥과 감자 중에 고르라는 말도 하지 않아요. 오로지 고기를 먹는지만 물어봅니다.

왜 어떤 사람들은 육식을 하지 않는 쪽을 선택하는 걸까요? 그것은 개인적인 결정이에요. 누구나 자기만의 이유가 있겠지요. 종교적인 믿음이나 건강상의 문제, 환경에 대한 생각 때문일 수도 있어요.

전 세계적으로 수십 억에 이르는 육식주의자를 먹이기 위해서는 수백만 마리의 동물을 기르기 위한 농장들이 필요하고 이들은 더욱 거대해지고 있지요. 이 말은 곧, 육류 생산과 관련된 문제들 또한 커지고 있다는 뜻이지요.

농장에서 키워지는 동물들은 물이나 땅과 같은 천연 자원을 엄청나게 많이 사용하며, 엄청난 오염 물질과 온실가스를 만들어 냅니다. 그래서 사람들은 육식이 지구에 끼치는 나쁜 영향들을 염려하지요.

가축을 기르는 데 사용되는 자원들을 사람들이 바로 먹을 수 있는 식물을 재배하는 데 쓰는 게 보다 쓸모 있는 일이라고 믿는 사람들도 있어요. 대규모 농장에서 동물들이 당하는 부당한 대우를 걱정하기도 하지요.

이러한 문제들을 해결할 방법을 고민하다 보니, 고기를 먹지 않으면 도움이 될지도 모른다는 생각에 이르게 된 것이 아닐까요?

고기 없는 월요일

식단에 작은 변화만 줘도 온실가스를 줄이고 기후 변화를 막는 데 도움이 된다고 해요.

일주일에 딱 하루, 고기를 먹지 말자는 '고기 없는 월요일' 운동에는 이러한 생각이 자리하고 있어요. 하루도 빠짐없이 고기를 먹을 필요는 없다는 사실을 스스로 깨닫게 해 주는 한 방법이지요.

이 운동을 통해 일주일에 하루, 고기가 아닌 다른 음식을 선택하는 것만으로도 차이를 만들어 낼 수 있음을 널리 알리고 있어요.

동물이 행복하려면

소, 돼지, 닭, 오리가 농장에서 행복하게 사는 동요, 동화책, 그림책들이 있어요.
하지만 엄청난 양의 고기를 생산하기 위해 분주한 대형 농장에서는 동물들이 동화에서처럼 행복할 수 없다고 동물 보호 운동가들이 말해요.

공장식 농장

공장식 농장의 규모는 상상 그 이상이에요. 이런 농장들은 보통 한 종류의 동물만 키우는데 동물 수가 엄청나게 많아요. 최대한 빠른 시간 안에 최대한 많은 동물을 길러 내야 하기 때문이지요.

소 사육장을 보면 한 농장에 암소만 수천 마리가 키워지기도 해요. 도축하여 팔기에 적당한 몸집에 다다를 때까지 소들을 계속 살찌웁니다.

그 어느 동물보다 소비량이 많은 닭의 경우는 한 곳에 10만 마리까지 키우기도 해요.

돼지도 예외는 아니에요. 돈사라고 불리는 사육장에 수천 마리의 돼지가 바글대며 생활하기도 하죠.

캐나다만 해도 이 같은 방식으로 어마어마한 수의 가축을 키우고 있으며,

매년 2천만 마리가 넘는 돼지들이 고기로 팔리기 위해 죽임을 당합니다.
제대로 움직이기조차 힘든 우리 속에서 동물들이 어떤 취급을 받을지 걱정하는 사람들이 많아지고 있어요.
동물을 사랑하는 사람들과 페타PETA와 같은 동물 보호 단체들은 식용으로 키워지는 동물들이 반려 동물로 선택된 동물들에 비해 턱없이 형편없는 대접을 받는다고 강조하고 있지요.
세계식량기구WTO와 질병관리센터 등은 산업형 농장의 동물 학대, 질병 및 공기 청정도에 대한 우려의 목소리를 높이고 있고요.
물론 모든 농부들이 가축을 함부로 다루는 건 아니에요. 하지만 채식을 권장하는 동물 보호 운동가들은 농부가 가축을 잘 대하는지가 문제의 핵심은 아니라고 말해요. 어떤 대우를 받든 우리 입속으로 들어가기 위해 죽임을 당하는 건 마찬가지니까요.

동물도 감정이 있어요

느끼고 생각하고 냄새 맡고 맛을 볼 수 있는 생명체를 지각 있는 존재라고 하지요.
인간에게 지각이 있고 감정이 있는 것처럼 고양이와 개도 지각 있는 존재이지요. 돼지와 소, 양과 닭을 비롯해 우리가 먹는 나머지 동물들도 마찬가지예요.
동물들도 인간처럼 편안하고 고통 없는 삶을 살기 위해 노력해요. 동물을 연구하는 과학자들은 물고기도 할 수만 있으면 다치지 않으려고 노력한다는 사실을 발견했어요.
고기 대신 먹을 수 있는 음식이 충분히 있는데도 농장에서 가축을 사육하고 죽이는 것은 잔인한 짓이라고 믿는 사람들이 있는 것도 바로 이 때문이죠.

고기를 얻는 데 드는 비용

물건 값을 치를 때 내는 돈이 전부가 아니에요.

우리가 돈을 내고 물건을 살 때 그 값에는 환경 비용이 포함되어 있어요. 환경 비용은 물건을 만드는 과정에서 환경에 미치는 영향을 따져서 책정한 비용을 말해요. 물건 값을 매길 때 이 비용도 더하게 되죠.

뿐만 아니라 지역 사회나 정부에서 내는 환경 비용도 있어요. 이건 우리가 내지 않는다고 생각할 수 있지만 국민의 세금으로 치르는 것이니 우리가 내는 것이나 마찬가지예요.

고기를 생산할 때 가축 사육장을 만들기 위해 숲을 개간하는 등 자연을 훼손하지요. 가축을 키워 식탁에 올리기까지 발생한 쓰레기, 식사를 마친 후 나오는 쓰레기, 이들로 인한 환경 오염 등이 모두 환경 비용에 포함된답니다.

고기는 발이 커요

음식의 환경 비용을 계산하는 한 가지 방법은 그 음식을 생산하고 폐기물을 처리하는 데 필요한 땅과 물, 그 밖에 기타 자원들을 모두 더해 환경 발자국을 계산하는 것입니다.

햄버거의 환경 발자국을 계산하려면 다음과 같은 내용이 포함되겠지요.

- 소가 먹는 사료를 재배하기 위해 사용되는 물과 비료
- 농장의 트랙터와 여러 기계를 움직이게 하는 화석 연료
- 소가 먹는 사료와 마시는 물의 양
- 소가 싼 똥의 양과 그 똥을 처리하는 데 드는 자원
- 소를 도축장으로 운송하는 트럭을 움직이는 데 필요한 연료
- 육류를 가공하고 냉장시키는 데 필요한 에너지
- 햄버거를 상점으로 옮기고 식탁에 올리기까지 사용된 모든 자원

필요한 사료량이 달라요

고기의 환경 비용을 이야기할 때는 동물이 도축되기 전까지 먹는 사료의 양을 따져요. 그 방법 중 하나로 사료 요구율은 사료가 고기로 바뀌기 위해 동물이 먹어야 하는 사료의 양을 계산하는 방법이에요. 그런데 동물이라고 해도 사료 요구율이 모두 같은 것은 아니에요.

닭은 몸집이 큰 다른 동물들보다 먹이가 훨씬 적게 들어요.

닭은 1킬로그램의 고기를 만들기 위해 1.65킬로그램의 먹이만 먹으면 됩니다(사료 요구율 1.65:1).

같은 양의 고기를 생산하기 위해 소는 10킬로그램 이상의 먹이를 먹어야 해요(사료 요구율 10:1).

소도 밥을 먹어요

콩 1킬로그램보다 소고기 1킬로그램을 만들어 내는 데 훨씬 많은 자원이 필요하며, 쓰레기도 훨씬 많이 발생해요. 그 이유는 무엇일까요?

식물은 태양으로부터 직접적으로 에너지를 받고 자라지만, 가축들이 자라기 위해서는 식물을 먹어야만 해요. 우리가 먹는 소들을 살찌우기 위해서는 소들이 먹을 사료부터 재배해야만 하지요. 육류가 채소나 곡물보다 환경 비용이 높은 이유가 바로 여기에 있어요.

온실가스 가격표

온실가스와 기후 변화를 생각할 때 제일 먼저 떠오르는 것은 무엇인가요?

수천 대의 자동차들이 이산화탄소를 내뿜는 꽉 막힌 고속도로? 온실가스로 가득한 매연을 뿜어 대는 공장 굴뚝? 육즙이 흐르는 두툼한 스테이크?

잠깐, 매연은 알겠는데 스테이크는 왜 떠올리냐고요?

우리 입속으로 들어가는 모든 것, 그것이 사과든 초코바든 햄버거든 모두 온실가스 가격표를 달고 나와요.

식량을 재배하고 가공하는 데에는 에너지가 소모되고 온실가스가 생겨나는데, 음식에 따라서 나오는 온실가스 양이 달라요.

오른쪽 표는 우리가 흔히 먹는 음식들이 1킬로그램 만들어질 때 나오는 이산화탄소의 양을 보여 주고 있어요.

1킬로그램 당 발생하는 이산화탄소의 양
39.3 kg
27.0 kg
13.5 kg
12.1 kg
6.9 kg
6.1 kg
2.3 kg
2.0 kg
2.0 kg
0.9 kg

온실가스를 내뿜는 동물들

유엔에서는 지구 환경을 위해 육류와 유제품을 덜 먹거나 아예 먹지 말 것을 권하고 있어요. 온실가스의 14.5퍼센트가 육류와 유제품을 만들 때 나온다는데, 이는 자동차에서 나오는 온실가스보다 많다고 해요.

고기는 어떻게 온실가스의 원인이 되는 걸까요?

풀을 먹는 소, 양, 염소를 반추 동물 또는 되새김 동물이라고 해요. 풀을 대충 씹은 후 위장에 보관했다가 나중에 다시 꺼내 씹어서 소화시키는 특징이 있어요. 반추 동물은 사람은 소화할 수 없는 섬유소를 소화할 수 있어요. 이때 위장에서 이산화탄소, 메탄을 뿜어 내는데 이 가스가 온실가스 중 하나예요.

그뿐만이 아니에요. 모든 동물은 먹으면 똥을 누어요. 그런데 똥이 제대로 처리되지 않으면 아주 많은 온실가스가 나와요.

고기를 농장에서 우리의 식탁까지 가져오는 과정에서 사용되는 각종 기계와 트럭, 자동차 등이 만들어 내는 이산화탄소를 더해 보면, 고기가 왜 그토록 높은 온실가스 가격표를 달게 되는지 알 수 있지요.

시험관 고기

먹고, 숨쉬고, 가스와 폐기물을 만들어 내는 살아 있는 동물 없이, 맛 좋은 고기를 생산해 내는 법을 연구 중인 사람들이 있어요.

육식의 환경 비용을 낮추기 위해 실험실에서 동물 세포를 가지고 고기를 만들어 내는 것이지요. 이렇게 만든 시험관 고기가 맛있다는 사람들도 있어요. 차라리 채식주의자가 되고 말겠다는 사람들도 있지만요!

모두가 배불리 먹을 수 있는 식량

2050년 무렵이면 지구에 사는 사람 수가 90억 명이 넘을 거래요.

오늘날 많은 사람들은 지금과 같은 농장식 사육법으로 모든 사람들을 먹여 살릴 수 있을지 걱정하고 있어요. 지금까지는 가능했다 해도, 그것이 지속 가능한지를 고민해 보아야 해요.

지금과 같은 방식으로 자원의 고갈 없이, 지구를 망가뜨리지 않고, 먹고 사는 일이 더 힘들어지는 일 없이, 식량을 확보할 수 있을까요?

이러한 질문들은 고기와 밀접한 관련이 있지요. 농부들은 점점 더 많은 가축을 사육하고 있어요. 전 세계 농지의 80퍼센트가 가축을 기르는 데 사용될 정도니까요.

귀뚜라미를 먹는다고요?

늘어나는 인구만큼이나 늘어나는 소비를 감당하기 위해서 20여 년쯤 후에는 고기 생산량을 최소 두 배 정도 늘여야 한다는 전문가들의 의견이 있어요.

되도록 환경을 해치지 않고 세계 인구가 배불리 먹고 살기를 원한다면 지금보다 훨씬 더 많은 사람들이 곤충을 식량으로 삼아야 한다고 주장하는 과학자들도 있어요.

곤충은 소, 닭, 돼지나 그밖에 가축들보다 훨씬 적은 환경 발자국을 남겨요. 먹이와 물이 적게 들고 폐기물도 적어요. 곤충이 먹을거리가 된다는 것은 새로

운 발상은 아니에요. 전 세계에서 20억 명에 달하는 사람들이 이미 곤충을 먹고 있거든요. 꽤 많은 문화권에서 곤충이 건강에 이롭고, 맛도 있으며 훌륭한 간식이자 끼니로도 충분하다고 받아들이고 있어요.

태국 방콕의 포장마차에서는 갯지렁이 튀김을 맛볼 수 있으며, 중부 멕시코에서는 '쿠차마스'로 불리는 초록색 애벌레를 팔고 있지요. 귀뚜라미 구이를 먹어 본 사람이라며 호박씨처럼 고소하고 제법 맛있다는 것을 인정해야 할 거예요.

사람들이 귀뚜라미 농장을 시작하는 이유는 아직 곤충을 먹지 않는 나라에서도 언젠가는 귀뚜라미가 인기 상품이 될 거라고 기대하기 때문이지요.

식량 안보

세상에는 고기를 넘치게 먹는 사람들이 있는가 하면, 고긴커녕 하루하루 먹을거리를 걱정하는 사람들도 매우 많아요. 특히 아프리카와 아시아의 나라들 중에는 먹을거리가 부족해서 굶어 죽는 사람들이 있어요. 먹을 음식이 있고, 굶주리는 건 아니라 해도 적절히 영양을 공급할 좋은 음식이 부족하지요.

적당한 값에 영양가 있는 음식이 충분히 확보된 상태를 식량 안보가 확보됐다고 해요.

미국에서 사육되는 가축이 먹는 곡물 양은 미국인 전체가 먹는 곡물 양보다 일곱 배 많아요. 가축 사료용 곡물을 재배하는 농지에 콩처럼 사람이 먹는 농작물을 재배한다면 훨씬 큰 효과를 얻을 수 있다고 주장하는 사람들도 있어요. 콩은 영양가가 높고 사람이 먹기에 좋은 식량이기 때문이에요.

실제로 이러한 변화가 일어난다면 미래의 식량 안보는 좀 더 나아질 거예요.

3장
고기를 먹지 않으면 무엇을 먹을까?

우리의 몸이 성장하고 건강을 유지하기 위해서는 여러 가지 영양분이 필요해요.

고기에는 건강 유지에 필요한 필수 영양분이 많아요. 따라서 고기를 먹지 않는다면 계획을 세워서 음식을 먹을 필요가 있어요. 다른 음식들로부터 필요한 영양분을 섭취해야 하니까요.

단백질	철분	아연
어디에 있나: 근육과 머리카락 **하는 일**: 단백질은 필수 아미노산을 제공해 줘요. 음식을 통해서만 얻을 수 있고 우리 몸에 반드시 필요해요. 아미노산은 호르몬을 만들고 상처가 났을 때 조직을 회복시키는 데 중요한 역할을 해요. **어떤 음식에 들어 있나**: 견과류, 치즈, 렌틸콩이나 강낭콩과 같은 콩류	**어디에 있나**: 적혈구(헤모글로빈이라 불림)와 근육 조직 **하는 일**: 철분은 피(혈액)를 만드는 일을 도와줘요. 피는 우리 몸 구석구석을 돌면서 숨을 쉬면서 들이마신 산소를 신체의 모든 조직으로 운반해 주어요. **어떤 음식에 들어 있나**: 말린 콩, 완두콩, 렌틸콩	**어디에 있나**: 세포 내부 **하는 일**: 아연은 면역체계가 제대로 작용할 수 있도록 도와주고, 후각이나 미각과 같은 감각이 제대로 기능할 수 있게 해 줘요. **어떤 음식에 들어 있나**: 아마씨, 콩기름

칼슘	지방과 지방산	비타민 B$_{12}$
어디에 있나: 뼈	**어디에 있나:** 혈액 속, 세포 내	**어디에 있나:** 신경 세포와 혈구
하는 일: 칼슘은 튼튼한 뼈와 치아를 만들어 줘요.	**하는 일:** 활동하기 위해 콜레스테롤과 트리글리세라이드와 같은 지방과 지방산이 필요해요. 우리 몸에 에너지를 공급하고, 호르몬을 만드는 데도 사용돼요.	**하는 일:** 비타민 B$_{12}$는 뇌와 신경을 건강하게 유지시키며, 철분과 협력하여 새로운 적혈구를 만들어 내요.
어떤 음식에 들어 있나: 말린 콩, 브로콜리, 케일, 우유 및 요구르트와 같은 유제품	**어떤 음식에 들어 있나:** 달걀, 버터, 아마씨, 코코넛 오일, 견과류, 아보카도	**어떤 음식에 들어 있나:** 치즈, 달걀, 비타민 정제, 비타민 B$_{12}$를 강화한 식품. 식물성 식품에는 자연적으로 B$_{12}$가 함유되어있지 않아요.

식물로 충분한 영양소

인류는 농작물을 재배하고 가축을 기르면서 크게 발전했습니다. 음식에 관해서도 매우 중요한 발견을 하게 되었답니다.

사람들은 렌틸콩, 강낭콩, 병아리콩과 같은 콩류를 쌀이나 밀, 옥수수와 같은 곡류와 함께 먹으면 몸이 더욱 건강하고 튼튼해진다는 사실을 알아냈어요. 고기를 먹지 않고서도 말입니다.

콩류와 곡물이 합쳐지면 완전 단백질을 만들어 내거든요. 완전 단백질은 열두 가지 필수 아미노산을 모두 지닌 단백질을 말해요.

처음 농사를 짓게 되었을 때 농부들은 그 지역에서 잘 자라는 곡물과 콩류를 함께 재배했어요. 아시아 지역은 쌀과 대두를, 중동에서는 병아리콩과 렌틸콩, 그리고 밀을 함께 키웠어요. 아메리카 대륙에서는 옥수수와 강낭콩을, 유럽은 강낭콩과 밀을 키웠지요.

세계 각지의 요리사들은 가장 많이 재배되는 재료로 특색 있는 요리를 만들어 냈어요.

완전 단백질을 얻는 법

고기를 먹지 않기로 선택했다면, 완전 단백질을 얻을 수 있는 음식을 잘 조합해서 먹는 게 중요해요.

콩류와 곡물의 강력한 조합을 특징으로 한 전 세계의 수많은 전통 요리 중 몇 가지를 소개할게요.

엠파나다

옥수수를 석회수에 담갔다가 가루로 빻아 반죽을 만들어요. 그런 다음, 속을 콩으로 채우면 엠파나다 모양을 한 완전 단백질로 변신해요.

갈로 핀토

갈로 핀토는 '얼룩무늬 수탉'을 가리키는 스페인 말이에요. 라틴 아메리카의 여러 나라에서는 흰쌀에 검정콩이나 빨간 콩을 함께 삶아 알록달록한 요리를 만들어요. 이 요리를 보면 얼룩 수탉이 떠오른다고 해요.

리볼리타

이탈리아 수프예요. 국물에 담가 촉촉하게 만든 묵은 통밀빵에 각종 채소와 콩을 한데 섞어 만들어요. 이는 쿠치나 포베라 Chcina Povera 즉 농부의 주방이라 불리는 이탈리아식 요리로, 먹고 남은 음식을 처리하면서 영양가도 풍부한 음식이지요.

병아리콩 쿠스쿠스

쿠스쿠스는 모로코의 유명한 요리입니다. 밀가루 반죽을 손으로 비벼 좁쌀만한 알갱이로 만든 후 보송보송해질 때까지 푹 쪄서 만들어요. 병아리콩으로 만든 모로코의 전통 스튜인 타진Tagine과 함께 차려 내면 곡물과 콩류가 결합되어 완전 단백질을 제공해요.

달 라이스

달Dal이라고도 알려진 렌틸콩 카레는 네팔, 방글라데시, 인도, 파키스탄과 같은 나라에서는 주식으로 먹는 요리예요. 요리법은 천차만별이지만 12가지 필수 아미노산을 제공하는 것은 변함이 없어요. 밥이나 전통 빵인 난과 함께 먹기만 한다면요.

콘지와 두부피

중국에서 콘지로 불리는 쌀죽은 두부피와 함께 먹으면 더욱 풍성한 요리가 돼요. 대두를 갈아서 유액을 짜내고 여기에 열을 가하면 진한 더껑이가 생기는데 그게 바로 두부피예요.

고기처럼 맛있는 음식들

고기는 맛있어요.
특유의 깊은 맛도 있고요.
하지만 고기가 들어가지 않는다고 해서 맛을 포기할 필요는 없다는 것을 요리사들은 오래 전부터 알고 있었죠.

사람들은 창의력을 발휘하여 고기를 쓰지 않고도 진짜 고기 같은 맛을 느낄 수 있는 온갖 기발한 방법들을 개발해 냈어요. 쫄깃하면서도 지나치게 쫄깃하지는 않은 식감까지도 말이죠.

두부

부들부들하거나 단단하면서 쫄깃쫄깃해요. 달콤하고 신선하거나 블루 치즈 못지 않은 지독한 냄새가 나기도 해요.

두부는 훈제로도 먹고, 발효시키거나 숙성시켜 갖가지 맛과 냄새와 식감을 만들어 내는 게 가능해요.

그러나 어떤 두부든 대두에서 짜낸 유액이 젤라틴과 같은 덩어리로 변한 뒤 납작하게 눌려져 만들어져요. 농사를 지은 후 계속 만들어졌지요.

세이탄(밀고기)

수세기 동안 중국 요리사들은 밀가루와 물로 세이탄이라 불리는 반죽을 만들어 왔어요. 이 반죽을 특정한 방법으로 처리하면 고기와 같은 쫄깃한 식감을 갖게 돼요.

자르는 방식에 따라 오리 고기, 거위 고기, 닭고기, 돼지고기, 소고기 심지어 해산물로 보이기도 해요.

템페

대두콩 치즈라고도 불려요. 치즈는 발효 음식이잖아요? 템페도 이스트나 박테리아 혹은 곰팡이가 음식 속에 자연적으로 만들어진 당을 소화시키는 발효 과정을 통해서 만들어지기 때문에 대두콩 치즈라는 별명을 얻게 된 거예요.

템페를 만들려면 대두에 곰팡이가 피게 한 후, 네모난 모양으로 눌러서 발효되기를 기다려요. 이틀 정도 숙성시키면 풍부한 향과 맛을 낼 수가 있죠. 인도네시아 자바섬에서 처음 만들어 낸 전통 조리법이에요.

병아리콩 가루

병아리콩은 여러 가지 창의적인 방법으로 활용되어 왔어요.

프랑스 남부 지방에서는 가루로 빻아 팬케이크의 일종인 사카socca를 만들어요.

가루에 물을 섞고 양파와 양념을 더하면 남아시아식 반죽이 탄생되는데, 이를 기름에 튀기면 채소 튀김인 파코라Pakoras가 돼요.

병아리콩 가루를 물과 섞어서 반들반들해질 때까지 끓인 다음 그릇에 부어 식히면 미얀마에서 인기 있는 병아리콩 두부 요리가 완성되지요.

캐슈 크림

동물성 음식을 전혀 먹지 않는 사람들을 위한 음식을 만드는 요리사들은 크림이나 치즈를 대신할 새로운 음식을 만들어 냈어요.

캐슈넛을 물에 불린 후 곱게 으깨면 부드러운 캐슈 크림이 완성됩니다.

4장
채식주의자가 된다면?

이 책을 읽고 있는 여러분은 채식주의자가 되는 것을 고민하기 시작했을지도 모르겠군요.

아니면 지금보다 고기를 적게 먹어야겠다고 생각할 수도 있고요. 그렇다면 몇 가지 현실 문제들을 함께 생각해 봐요.

어디서부터 시작할까?

채식주의가 내게 맞는지 알아보는 가장 좋은 방법은 일단 시작해 보는 거예요. 1, 2주일 간 식단에서 고기를 줄여 보아요. 먼저 가족들과 상의해 보아요. 선택할 수 있는 음식을 조사하고 식단을 만들어 보아요. 시작이 반이니까요.
반채식주의자가 되는 것을 고민 중이라면, 역시 같은 방법을 시도해 보아요. 무엇보다 가족과 함께 조사하고 계획을 세우는 게 중요해요. 몸에 좋은 음식을 챙겨 먹은 다음, 결과를 지켜보는 거죠.

몸에 좋은 음식을 먹기 위해서는 어떻게 해야 할까?

1. 반드시 단백질을 충분히 섭취하도록 해요.

단백질뿐만 아니라 고기를 통해 얻었던 다른 모든 영양소(32쪽~33쪽을 보아요)도 놓쳐선 안 돼요. 견과류, 씨앗, 콩류 및 여러 과일과 채소를 식단에 포함시키는 쉬운 방법들을 조사해 보아요.

2. 고기를 치즈로 대신해요.

고기가 듬뿍 든 라자냐 대신, 치즈 라자냐를, 햄 샌드위치보다는 치즈 샌드위치를 먹어요.
하지만 그것만 먹으면 안 돼요. 제아무리 치즈가 맛이 좋아도, 다양한 음식을 먹을 필요가 있거든요.

3. 가공된 고기 대용품을 가능한 멀리해요.

채식주의자용이라고 광고하는 간 쇠고기, 베이컨, 치킨 핑거 등의 음식들은 소금과 여러 가지 방부제들의 범벅이라고 보면 돼요. 먹더라도 적당히 먹는 게 좋아요.

4. 가공된 고기 대용품 없이도 고기 식감을 얻을 수 있는 방법이 있어요.

파스타 소스에 혼합물이 첨가되지 않은 담백하고 단단한 두부를 써 본다거나, 토마토 소스에 두부를 으깨어 넣고 스파게티 위에 숟가락으로 떠 넣어 보아요.
두부를 깍뚝썰기하여 카레나 볶음 요리에 넣어도 좋고요.

5. 콩류를 잊으면 안 돼요.

콩류는 매우 영양가가 높아요. 말린 렌틸콩이나 강낭콩은 고기에 비하면 엄청나게 싼 값으로 살 수가 있어요.
콩류는 크기와 색깔이 다양해요. 수많은 요리에 수없이 다양한 스타일로 조리가 가능하기 때문에 절대 지루할 일이 없죠. 채식 카레와 채식 버거, 샐러드, 스튜 등을 떠올려 보아요.

6. 재료를 다듬고 직접 요리하는 법을 배워 보아요.

채식주의자가 된다는 것은 삶에 도움이 되는 새로운 기술을 배울 수 있는 훌륭한 기회예요. 어느 날 다시 육식을 하게 되더라도 말이죠.
직접 고른 재료로 손수 요리하면, 가공 식품에 들어 있는 각종 설탕, 소금, 방부제 및 그밖에 건강에 나쁜 재료들을 피하는 데 도움이 됩니다.

고기 없는 일주일

매일 고기를 먹어 왔다면 베이컨 없는 아침 식사는 상상하기 힘들지도 몰라요.

햄 없는 점심은 어떨까요? 스테이크나 닭가슴살 없는 저녁은요?

채식주의자를 위한 음식의 세계는 넓고도 넓어요. 맛도 좋고요.

고기 없는 일주일에 포함시키면 좋을 만한 음식들을 소개할게요.

일단 시작해 보겠다고 마음을 정했다면, 일주일 동안 내가 먹은 음식을 기록해 보아도 좋아요.

일주일을 보내고 난 기분을 적어 보아요. 앞으로도 계속 이렇게 먹을 수 있을까요?

	월요일	화요일	수요일
아침 식사	말린 과일과 견과류를 곁들여 우유나 두유와 함께 먹는 시리얼	내 맘대로 만든 달걀 요리, 과일과 토스트	그래놀라와 냉동 과일, 꿀을 뿌린 요거트 파르페
점심 식사	양상추, 토마토, 치즈를 얹은 검은콩 퀘사디아	브로콜리, 올리브, 냉동 옥수수, 당근을 넣고 드레싱을 뿌린 파스타 샐러드	양배추 코울슬로, 프라이팬에 구운 두부
간식	집에서 만든 팝콘	과일 스무디	치즈 크래커
저녁 식사	토마토 소스와 으깬 두부를 넣은 파스타, 씨앗을 뿌린 샐러드	퀴노아와 템페, 땅콩을 곁들인 채소 볶음	버터 바른 토스트, 렌틸콩 수프

목요일	금요일	토요일	일요일
견과류 또는 씨앗 버터를 바른 토스트, 과일 스무디	견과류를 얹고 꿀을 살짝 부은 오트밀	집에서 만든 팬케이크 또는 신선한 과일과 시럽을 곁들인 와플	달걀 프라이, 해시 브라운
렌틸콩 수프, 치즈 샌드위치	당근과 샐러리 스틱을 곁들인 후무스, 피타	무화과 잼이나 피망 잼을 바른 그릴드 치즈 샌드위치	채식주의자용 군만두, 참깨 소스를 뿌린 샐러드
소스를 뿌린 생야채	집에서 만든 견과류 간식	집에서 만든 그래놀라 시리얼	집에서 만든 머핀
강낭콩이나 렌틸콩으로 만든 채소 버거	치즈와 내 맘대로 고른 채소를 얹은 피타 피자	코코넛 병아리콩 카레 라이스, 오이 요거트 샐러드	슈레드 치즈와 칠리 채소를 곁들인 밥

가족과 친구들에게 알리기

채식주의자가 되기로 결정했다면, 이 소식을 어떻게 전하는 게 좋을지 생각해 보아야 해요. 그에 따라 가족과 친구들의 반응도 달라질 테니까요.

채식주의자라는 말을 들으면 괜히 기분이 상하거나 방어적인 반응을 보이는 사람들이 있어요. 자기들이 먹는 음식이 나쁘다는 뜻으로 받아들여 모욕을 느끼는 사람들도 있을 거예요.

고기를 먹지 않겠다는 큰 결정을 내렸으니 변함없이 고기를 먹는 사람들을 나쁘게 생각할 거라는 오해를 받을 수도 있어요.

채식을 하게 되었다는 소식을 전할 때 가장 중요한 점은 그 결정이 여러분 자신에 대한 결정이지, 가족이나 친구에 대한 결정이 아니라는 점을 분명히 하는 거예요.

채식주의자가 된다는 것은 개인적인 선택이니까요.

주변에 알릴 때에는

- 채식주의자가 되고 싶은 이유를 차근차근 말해요.

- 나의 생각을 뒷받침해 줄 유익한 내용이 실린 자료들도 함께 보여 줘요.(이 책으로 그 숙제를 대신하고 싶을지도 모르겠군요!)

- 균형 잡힌 식사의 중요성을 여러분도 잘 알고 있다는 걸 말해 주어요.

- 식단 짜기와 장보기, 요리와 설거지까지 모든 단계의 식사 준비에 동참할 마음이 있다고 꼭 말해요.

  가족 중 채식주의자가 한 사람도 없다면 여러분이 전한 소식은 몹시 당황스러울 수 있어요. 채식 식단을 준비하려면 수고스러운 일이 많아지기 때문이에요.

- 채식을 선택하는 것과는 별도로, 가족과의 특별한 식사를 함께할 방법을 고민해 봐요. 집집마다 대대로 전해 내려오는 조리법이 있기도 하죠. 보통은 고기 요리가 많아요.

  이를테면, 수제 소시지 만드는 걸 좋아하는 할머니라면, 여러분이 채식주의자가 되었다는 말을 듣고 슬퍼할 수도 있어요. 할머니에게 고기가 들어가지 않은 다른 가족 요리를 가르쳐 달라고 부탁해 봐요.

- 다함께 즐길 수 있는 요리를 알아봐요. 다른 식구들도 여러분과 함께 새로운 조리법을 시도해 보고 싶을 수도 있으니까요. 시간이 있을 때 직접 저녁 식사를 준비해 보겠다고 제안해 봐요. 여러분의 채식주의 식단에 모두가 좋아할 메뉴를 포함시켜 봐요.

모두 함께 음식을 즐기는 방법

채식주의자와 비채식주의자가 함께 즐기기에 완벽한 식사도 있어요.

타코와 부리토는 각자 입맛에 맞게 재료를 바꿔서 먹기가 쉬워요. 고기를 먹지 않는 사람들을 위해 각종 토핑에 검정콩만 추가해 봐요.

채소 볶음 역시 육식주의자들과 함께 먹기 좋은 요리랍니다. 한쪽에 닭고기나 돼지고기를 볶아서 마련해 두면, 언제든 채소 볶음에 곁들여 먹을 수 있으니까요.

파스타 소스 역시 그때그때 바꿔서 즐길 수 있는 손쉬운 선택이에요. 곁들이로 베이컨만 좀 준비해 놓으면, 고기 없이는 못 사는 육식주의자들도 만족시킬 수 있지요.

채식을 하는 어린이들

새로운 것을 시도한다는 것은 두려운 일이지만 다른 사람들의 이야기를 들으면 도움이 될 거예요.

채식주의자인 다섯 친구들을 만나 보고 어떠한 식사를 하는지도 알아보아요.

사스키아 (여, 12살)
캐나다 온타리오주, 토론토에 거주

사스키아 부모님에 따르면, 사스키아가 두 살쯤 됐을 때, 메리라는 여자아이가 어린 양을 저녁으로 먹게 된 노래를 불렀다고 해요.

사스키아는 양고기를 먹는 게 하나도 웃기지 않다고 생각했어요. 양이 그걸 좋아할 리가 없으니까요. 그때부터 사스키아는 고기를 먹지 않아요.

"부모님은 제 결정을 지지해 주셨지요." 라고 사스키아는 말해요.

사스키아의 경우, 채식주의자가 되면서 가장 신경쓰는 점은 건강에 좋은 식단을 지키는 거예요. 강낭콩과 병아리콩, 치즈는 즐겨 먹는 사스키아는 "전 치즈 중독이에요."라고 말한답니다.

사스키아는 채식주의자도 생선은 먹는다고 생각하는 사람들이 있어서 힘들 때가 있다고 해요. 밖에서 식사를 하면 당황스러운 경우도 생기지요.

사스키아의 입장은 이렇습니다.

"만약 채식주의자가 되기를 원한다면, 제대로 해야 한다고 생각해요. 어렵지만 저는 그럴 가치가 있다고 느껴요. 저는 동물을 사랑해요. 고기를 먹으려고 동물들을 키운다는 게 너무 싫어요."

킬린(여, 11살)**과 로완**(남, 10살)
캐나다 뉴브런즈윅주, 프레더릭턴에 거주

이 남매와 그의 부모님은 완전 채식주의자, 즉 비건이에요. 육류는 물론이고 유제품과 달걀도 먹지 않지요. 로완에게 그 이유를 물으면, "저는 그렇게 태어났으니까요."라고 답합니다. 만약 여러분이 비건이라면 피자와 케이크가 주인공인 생일 파티장에서 음식을 즐기기란 쉽지 않아요. 피자 위의 치즈도, 케이크 속의 달걀도 먹지 못하니까요. 그래서 로완과 킬린 남매는 집을 나서기 전 배를 든든히 채우고, 달걀과 버터를 빼고 만든 채식주의자용 컵케이크를 꼭 챙겨 가지요.
가끔 남매가 싸 온 점심을 호기심 어린 눈길로 쳐다보는 친구들도 있어요. 하지만 킬린은 개의치 않아요.
"누구든 당신을 판단하려 한다면, 무시해 버리세요."

파티마(여, 7살)**과
유세프**(남, 9살)**와 퍼칸**(남, 11살)
미국 미시건주, 디트로이트에 거주

이 삼남매는 미국에서 채식주의를 장려하는 종교 단체 소속이에요. 학교 친구들의 생활과는 많이 다르지만, 세 사람은 별로 신경쓰지 않아요. 친구들이 점심 도시락을 두고 이러쿵저러쿵 떠들어도 말이죠.
파티마는 이렇게 말해요.
"친구들은 살면서 한 번도 맛본 적이 없으니까 보이는 대로만 판단하는 거예요. 일단 맛을 보면 '이거 참 맛있다!'라고 말할 텐데 말이죠."
삼남매는 엄마가 손수 요리해 주는 음식을 아주 좋아해요. 금요일마다 저녁 식탁에 올라오는 나초나 브로콜리 버거 같은 음식들을요. 특별 디저트인 콩 파이는 파티마가 가장 좋아하는 요리랍니다.

나오며

모두가 함께 즐길 수 있는 식탁

대가족이 한자리에 모여 저녁을 먹으면 저마다 사정이 있기 마련이에요.

내 여동생은 새우와 생선에 알레르기가 있고, 엄마는 밀가루 음식을 먹지 못하는 병이 있어요. 견과류 알레르기가 있거나 마늘을 먹지 않는 친지도 있고 종교적 이유로 돼지고기를 먹지 않는 친지들도 있지요. 저는 공장식 농장에서 사육된 고기는 먹지 않는 편이에요. 아, 제 사촌은 반채식주의자인데 붉은색 고기를 멀리하죠.

대가족이 모여 파티라도 할라치면 상황이 복잡해져요. 제 부모님이 직접 길러서 잡은 소를 식탁에 올리기 때문이죠. 이건 보통 문제가 아니에요. 내 손으로 직접 가축을 잡아서가 아니라(저는 앞에서 말한 그 닭을 죽이는 걸 옆에서 도운 게 전부에요), 식탁에 올라온 구이나 스테이크나 햄버거가, 새끼 때부터 자라는 모습을 지켜봐 온 가축으로 만든 요리라는 걸 알기 때문이지요. 그래서 저는 차마 먹을 수가 없어요. 그렇다고 해서 항상 소고기가 싫은 건 아니지만요.

우리의 식탁은 모두를 배려해서 차려져요. 내가 즐기는 음식이 올라오기도 하지만 먹지 않는 음식도 함께 올라오죠. 창의적인 생각만 있다면 모두가 함께 즐길 수 있는 메뉴를 짤 수 있어요. 지금까지 앞에서 살펴본 것처럼요.

식사는 개인적인 것이에요. 고기를 먹을지, 먹지 않을지는 선택의 문제이고요. 왜 그러한 결정을 했는지를 생각해 보면 됩니다.

우리가 행동하는 데는 건강, 종교, 환경에 대한 고민, 윤리, 맛 등 여러 이유가 있어요. 우리가 먹는 음식은 우리가 어떠한 사람인지, 우리가 무엇을 중요하게 생각하는지를 말해 줍니다.

그러니 육식을 하든, 하지 않든 그러한 결정을 내리게 된 이유를 곰곰이 생각해 봐요. 그것은 온전히 나의 선택이에요. 그리고 함께하는 식탁은 어떠한 경우에도, 모두가 함께 즐길 수 있는 자리가 되어야 한다는 사실을 잊지 말아요.

책에 나오는 단어 살펴보기

단백질 우리 몸의 뼈와 조직, 혈액과 근육을 만들고 유지하는 데 필요한 중요한 영양소.

메탄 소를 비롯한 그 밖의 반추 동물들이 내뿜는 강력한 온실가스. 기후 변화의 한 원인이 됩니다.

반추 동물 풀과 그밖에 질긴 식물들을 소화시키기 위해 위가 4개의 방으로 나뉘어져 있는 초식 포유 동물.

발효 음식 속의 당을 산으로 변환하기 위해 박테리아를 사용하는 과정으로, 음식을 보존하고 음식의 영양가를 더하는 데 도움을 줍니다.

비건(완전 채식주의자) 달걀과 유제품, 꿀과 고기를 포함해, 동물을 재료로 한 어떤 음식도 먹지 않는 사람을 이르는 말.

사료 요구율 사람이 먹는 고기 1킬로그램을 생산해 내기 위해 한 마리의 동물이 먹어야 하는 사료의 양이 몇 킬로그램인지 그 비율을 나타내는 방법입니다.

산업형 농장 한 종류의 식품을 막대한 양으로 생산해 내는 대형 농장을 이르는 말. 소규모 농장들보다 자원을 보다 많이 소비하며, 환경에 끼치는 영향도 큽니다. '공장식 농장'이라고도 합니다.

식량 안보 알맞은 값에 건강에 좋은 음식을 충분히 먹을 수 있을 때, 식량 안보가 확보되었다고 합니다. 국민 누구나 적당한 값에 건강에 좋은 식품을 먹고 살 수 있도록 정부가 보장해 줄 수 있을 때 식량 안보가 확보된 것입니다.

아미노산 우리의 몸은 제대로 기능하기 위해 아미노산이 필요합니다. 아미노산은 탄소와 질소 같은 요소들을 함유한 화합물로 일부 식품에서 찾아볼 수 있습니다.

영양소 우리의 몸이 성장하고 제대로 기능하며 건강을 유지하는 데 도움을 주는 물질입니다. 우리가 먹는 음식 속에서 발견됩니다.

온실가스 지구의 대기 중에 축적되어 기후 변화를 일으키고 있는, 메탄과 이산화탄소처럼 열을 가두는 기체를 말합니다.

이산화탄소 대기 중에서 자연적으로 발견되는 무색무취의 기체. 화석 연료와, 나무, 쓰레기를 태우는 등의 인간 활동에 의해 생겨나기도 합니다.

페스코(부분 채식주의자) 고기는 먹지 않지만 생선은 먹는 사람을 이르는 말입니다.

플렉시테리언(반채식주의자) 육식주의자보다는 고기를 덜 먹기로 정한 사람으로, 완전한 채식주의자는 아닙니다.

콩류 특정한 식물의 꼬투리 속에서 자라는 씨를 말하며, 병아리콩과 렌틸콩 등이 포함됩니다.

화석 연료 선사 시대의 동식물이 부패하여 수백만 전 년에 형성된 휘발유나 석탄과 같은 탄소가 풍부한 연료를 말합니다.

환경 비용 어떠한 음식의 생산이 환경에 미치는 총 영향을 고려하여 측정한 비용입니다. 내가 먹은 음식의 환경 비용을 알려면 그 음식을 생산하는 데 드는 모든 자원을 합하면 됩니다.

찾아보기

가축 15, 16, 18, 22, 24, 25, 26, 30, 31, 34, 46
강낭콩 12, 32, 34, 39, 41, 44
건강 10, 18, 22, 31, 32, 33, 34, 39, 44, 46
고기 대용품 39
고기 없는 월요일 23
곡물 13, 18, 27, 31, 34, 35
곤충 30, 31
공장식 농장 24, 46
기독교 21
기후 변화 23, 28, 51
단백질 13, 32, 34, 35, 39
달걀 13, 16, 33, 40, 41, 45
닭 8, 9, 10, 12, 16, 24, 27, 28, 30, 46
닭고기 9, 22, 36, 43
돼지 10, 24, 25, 28, 30
돼지고기 21, 36, 43, 46
두부 28, 36, 37, 39, 40
땅 18, 19, 20, 22, 26

렌틸콩 13, 28, 32, 34, 35, 39, 40, 41
메탄 29
문화 10, 11, 20
물 26, 36, 37
물고기 11
미래 16, 31
믿음 18, 19, 20, 21, 22
북아메리카 10, 22
불교 19, 20
비건(완전 채식주의자) 13, 45
사료 요구율 27
산업형 농장 25
소 10, 18, 24, 25, 26, 27, 28, 29, 30, 46
소고기 9, 22, 27, 46
시험관 고기 29
식량 안보 31
식물 11, 20, 22, 27, 34, 48
쌀 13, 19, 34
영양소 14, 34, 39
온실가스 22, 23, 28, 29,

유대교 21
유럽 12, 18, 34
유제품 13, 17, 29, 33
이산화탄소 28, 29
이슬람교 21
인도 9, 10, 17, 19, 20, 21, 35
자원 22, 26, 27, 30
자이나교 20
조개류 21
중국 9, 10, 18, 19, 35, 37
채식주의 12, 13, 22, 29, 38, 43, 44, 45
채식주의자 9, 12, 22, 29, 38, 39, 40, 42, 43, 44, 45, 51
치즈 28, 32, 33, 36, 37, 39, 40, 41, 44, 45
콩류 13, 32, 34, 35, 39
환경 10, 11, 22, 26, 29, 30
환경 비용 26, 27, 29
환경 발자국 26, 30
힌두교 21

참고 도서

이 책을 쓰면서 저자가 찾아본 자료들 중 국내에 번역 출간된 책들입니다.

《잡식동물의 딜레마》 마이클 폴란, 조윤정 옮김, 다른 세상, 2008
《푸드 룰: 세상 모든 음식의 법칙》 마이클 폴란, 서민아 옮김, 21세기북스 2010
《동물을 먹는다는 것에 대하여》 조너선 사프란 포어, 민음사, 2011

저자가 추천한 책들 중 국내에 번역 출간된 책들입니다.

《값싼 음식의 실제 가격》 마이클 캐롤런, 배현 옮김, 열린책들, 2016
《자연과 함께한 1년 – 한 자연주의자 가족이 보낸 풍요로운 한해살이 보고서》 바바라 킹솔버, 스티븐 호프, 카밀 킹솔버, 정병선 옮김, 한겨레출판, 2009
《식량전쟁: 배부른 제국과 굶주리는 세계》 라즈 파텔, 유지훈 옮김, 영림카디널, 2008

감사의 말

레슬리 에이브럼스 박사님과 제이타 샤마 박사님께 감사드립니다.

채식과 관련된 명언들

"동물들은 나의 친구들이며……나는 나의 친구들을 먹지 않는다."
- 조지 버나드 쇼, 극작가

"내가 가장 좋아하는 동물은 스테이크다."
- 프란 레보비츠, 철학자

"동물을 어떻게 대하는지 보면 그 사람의 실제 성격을 파악할 수 있다."
- 폴 매카트니, 음악가

"음식을 적당히 먹어라. 그것도 채식 위주로."
- 마이클 폴란, 작가이자 저널리스트

"기쁨과 고통, 행복과 불행을 느끼는 데는 인간과 동물 사이에 근본적인 차이는 없다."
- 찰스 다윈, 과학자

"고기를 먹는다는 건 기후 변화와 숲의 파괴, 공기와 물의 중독에 대한 책임을 공유하는 것이다. 채식주의자가 되는 간단한 행동이 우리 지구를 건강하게 할 것이다. 완전히 고기를 먹지 않을 수는 없다 해도, 줄이기 위한 노력은 해 볼 수 있다."
- 틱낫한, 영적 지도자이자 작가

"나는 나의 건강을 위해 채식주의자가 되지 않았다. 나는 닭들의 건강을 위해 채식주의자가 되었다."
- 아이작 바셸비스 싱어, 작가

"나는 사람들에게 항상 이렇게 조언한다 : 새로운 요리법을 시도해라. 실수로부터 배워라. 두려워하지 마라. 그리고 무엇보다 즐겨라!"
- 줄리아 차일드, 요리사이자 작가

고기 없는 밥상을 경험하는 방법

♪ 집에서 만들어 보는 채식 요리

두부 탕수육

> **재료 :** 두부 1모, 소금, 녹말가루, 양파 1개, 피망 1개, 당근 1개, 물250ml, 간장 2큰술, 식초 2큰술, 설탕 2큰술, 소금 1/2큰술, 레몬즙 1큰술, 후추

① 두부와 채소를 먹기 좋은 크기로 썰어 준다.
② 두부에 소금과 후추를 살짝 뿌리고 물기를 뺀다.
③ 비닐봉지에 녹말가루 4큰술을 넣고 두부를 넣은 다음, 살살 흔들어 준다.
④ 프라이팬에 기름을 넉넉히 두르고 두부를 튀겨 낸다.
⑤ 그릇에 녹말가루 2큰술과 물 5큰술을 넣고 섞는다.
⑥ 냄비에 물 250ml, 간장 2큰술, 식초 1큰술, 설탕 1큰술을 넣고 소스를 끓인다.
⑦ 소스가 끓기 시작하면 썰어 둔 채소를 넣은 다음, ⑤를 넣는다.
⑧ 튀긴 두부와 소스를 함께 먹는다.

* 두부 대신 표고버섯으로도 탕수육을 만들 수 있습니다.

♪ 채식 메뉴를 파는 식당 방문해 보기

채식 요리는 어떤 맛인지, 내 몸에 맞는지 직접 먹어 봐야 알 수 있겠죠?
다양한 채식 요리를 접할 수 있는 공간들입니다.

한국채식연합   www.vege.or.kr 채식 요리법, 채식 식당, 채식 관련 정보 제공
고기없는월요일   www.meatfreemonday.co.kr 전 세계적인 '고기없는월요일' 국내외 활동 소개, 채식 요리법 소개
한울벗채식나라   http://cafe.naver.com/ululul 각 지역별 채식 식당 리스트, 채식 관련 정보 제공
러빙헛   전국 체인점 운영 www.lovinghut.kr 인터넷 쇼핑몰 www.lovinghut.co.kr
길트 프리 베이커리   채식빵집 www.guiltfreebakerykorea.com

♬ 나의 채식 일기

집에서 채식 요리를 만들어 먹거나, 채식 식당에 가 본 느낌이 어떤가요?
내가 선택한 채식 요리는 무엇이었는지, 그 음식을 먹은 나의 느낌은 어떤지 적어 보아요.

채식한 날짜 :

내가 선택한 음식 :

나의 느낌 :